Prima Vista 2b

Susanna Király

www.lumo.org

© Susanna Király
Kustantaja: BoD - Books on Demand, Helsinki, Suomi
Valmistaja: BoD - Books on Demand, Norderstedt, Saksa
ISBN: 978-952-498-226-9

Sisällysluettelo 2b

Sisällysluettelo 2b

Rytmikuviot

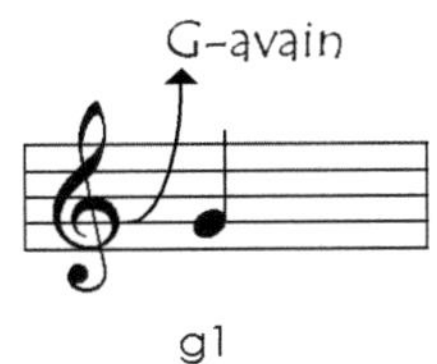

Oktaavialat
2b

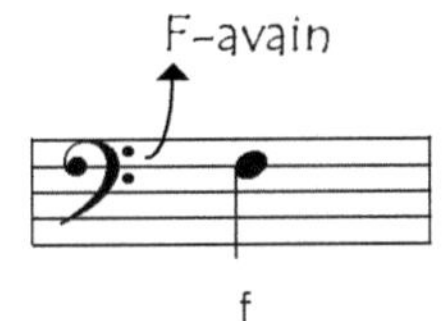

Duuriasteikot

2♭

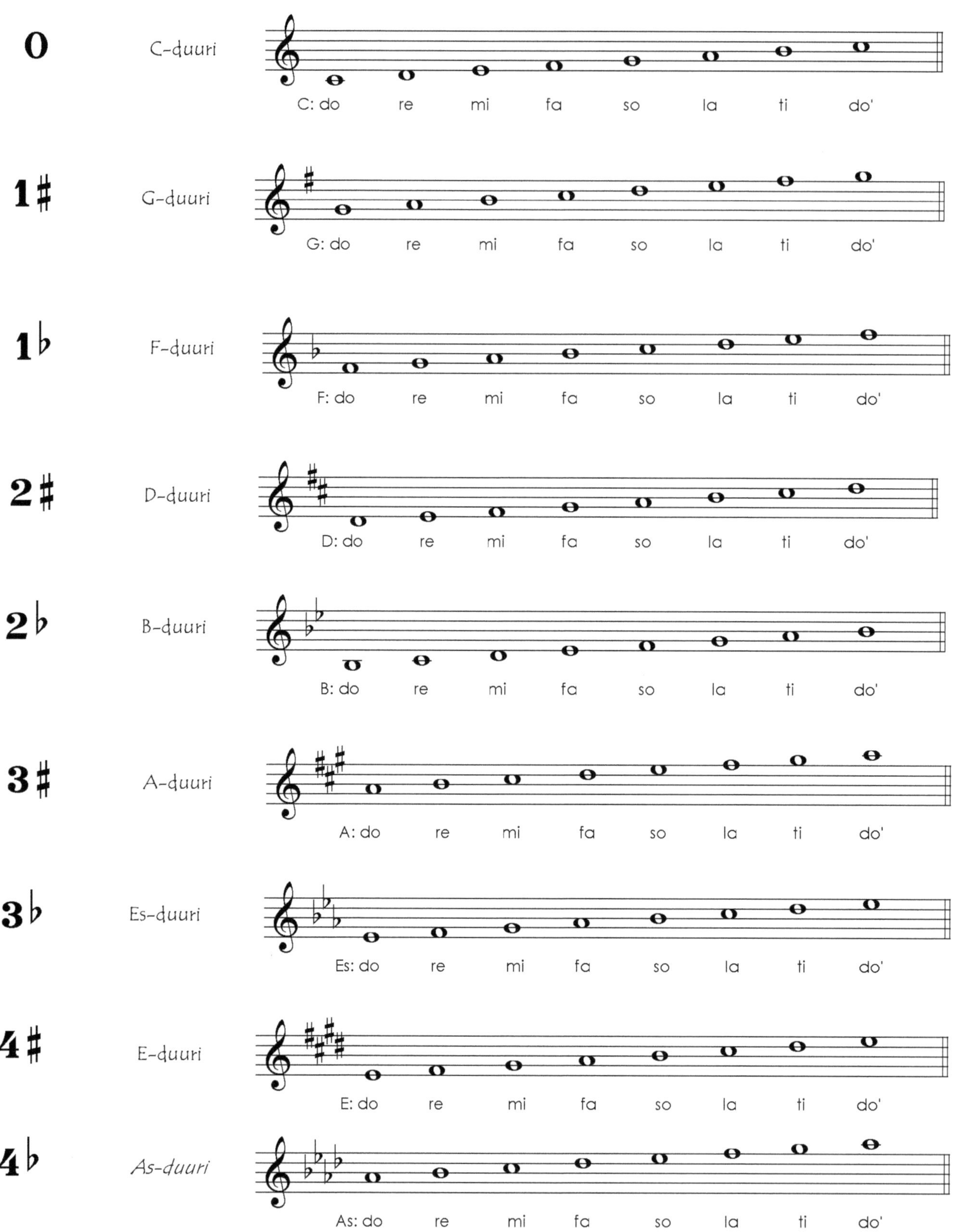

Viimeinen # merkki on 'ti' (johtosävel)   Toiseksi viimeinen b merkki on 'do'

Luonnolliset molliasteikot

2♭

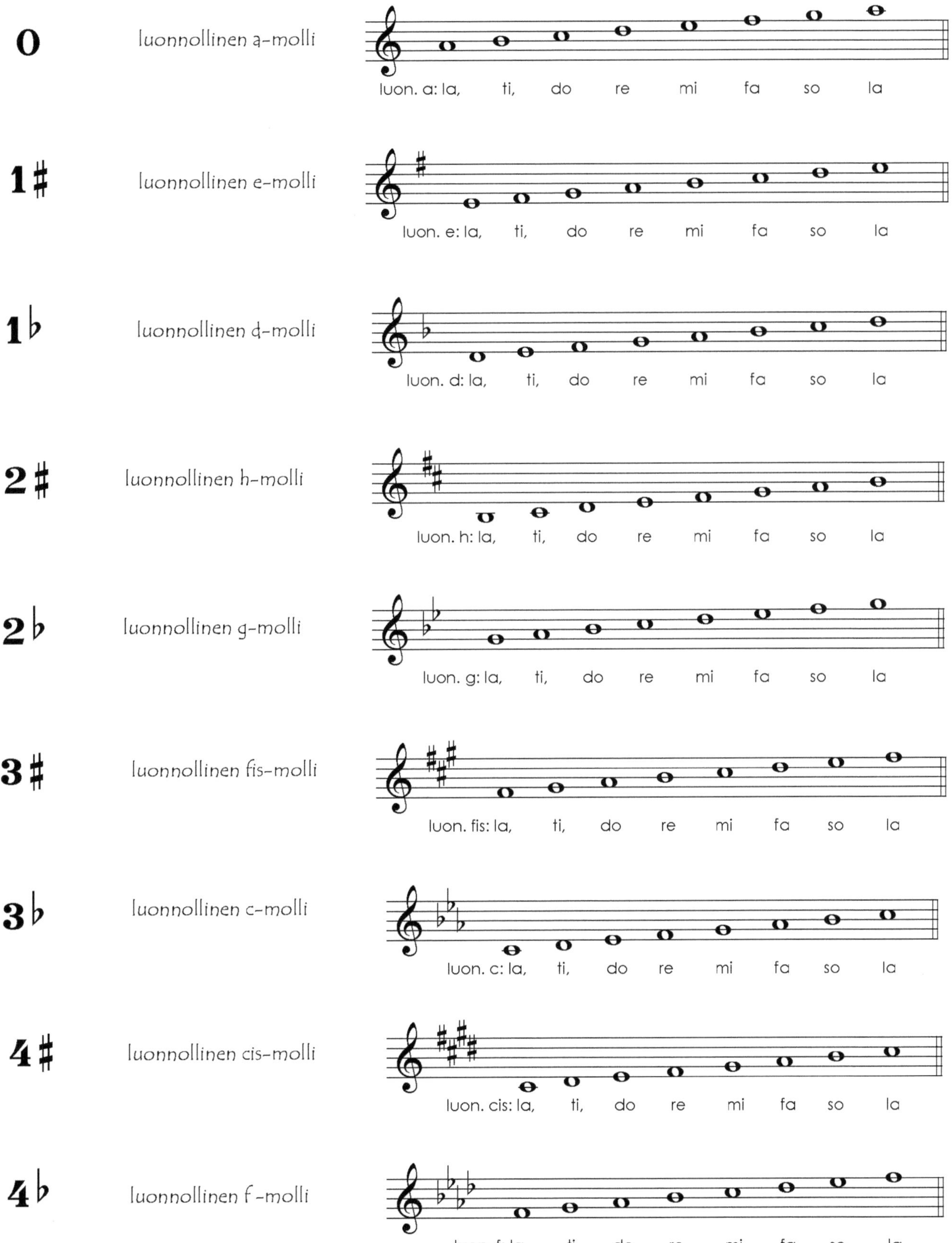

Harmoniset molliasteikot

2♭

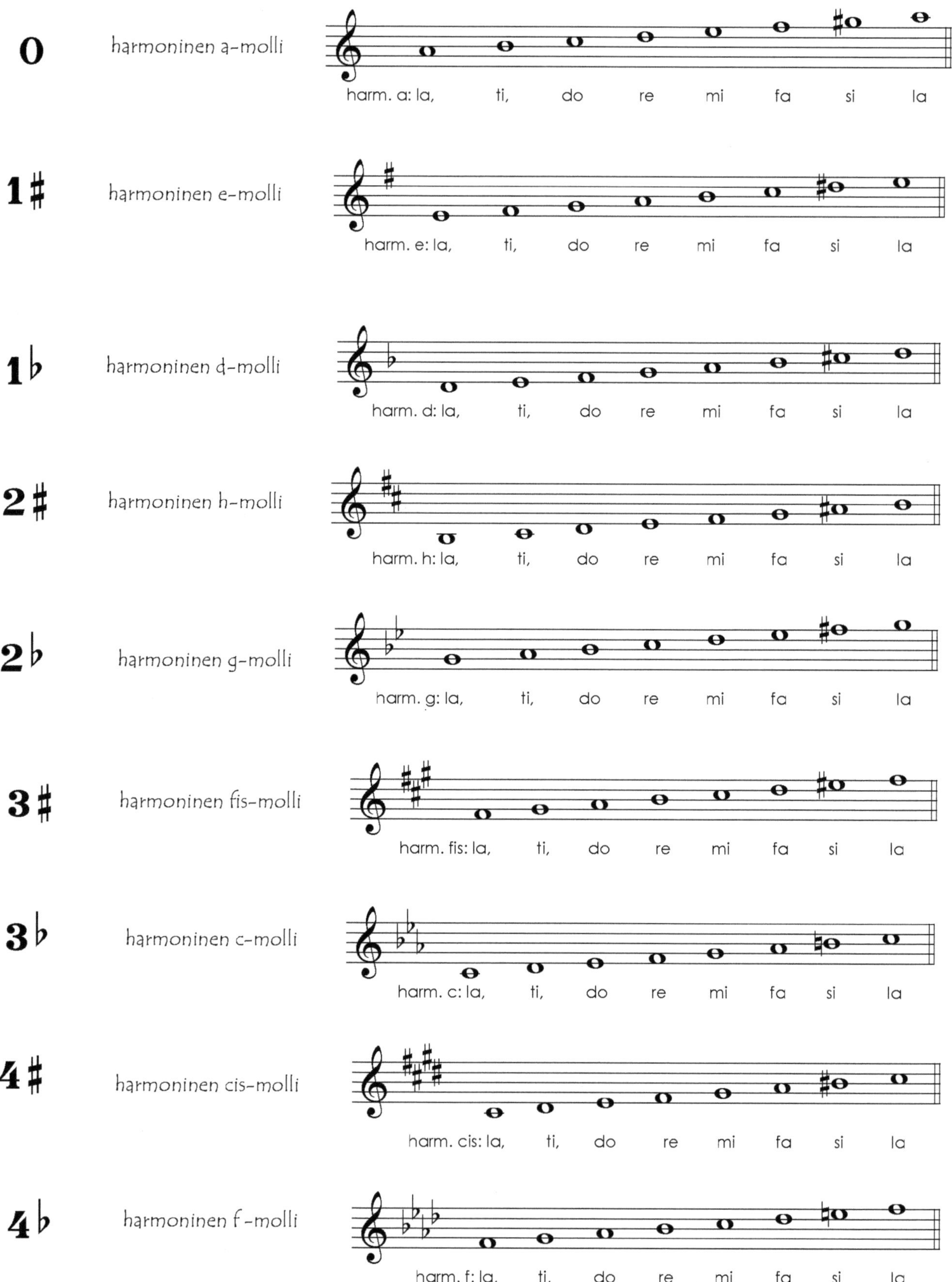

Melodiset molliasteikot

2♭

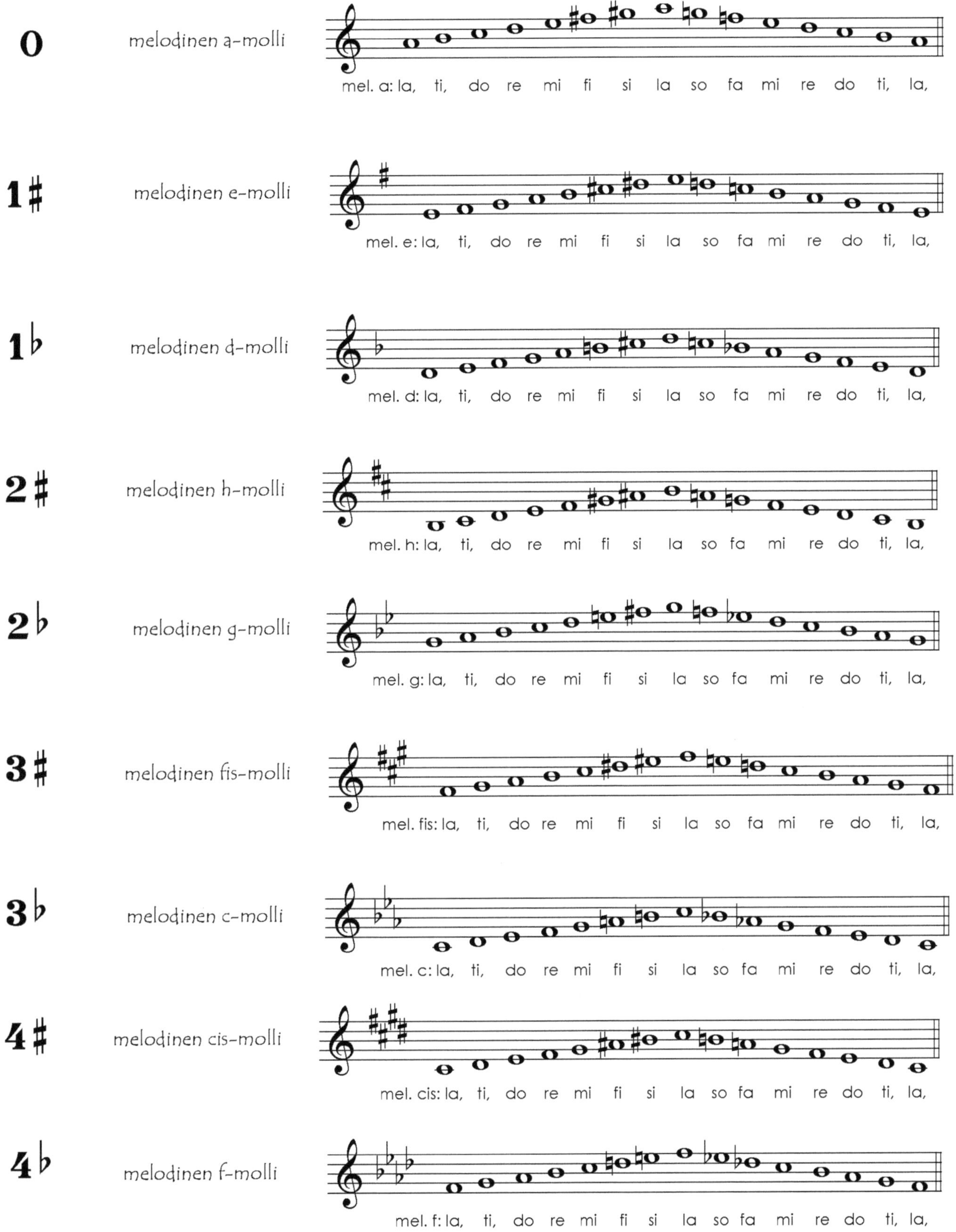

Intervallit

2b

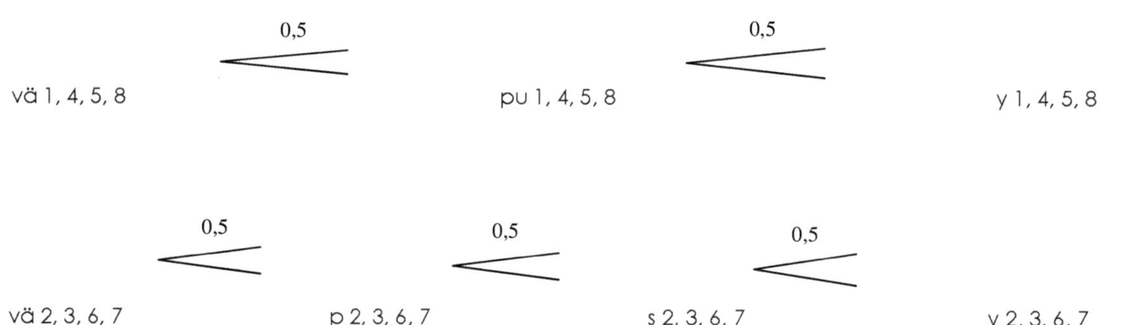

Soinnut

2b

DUURI

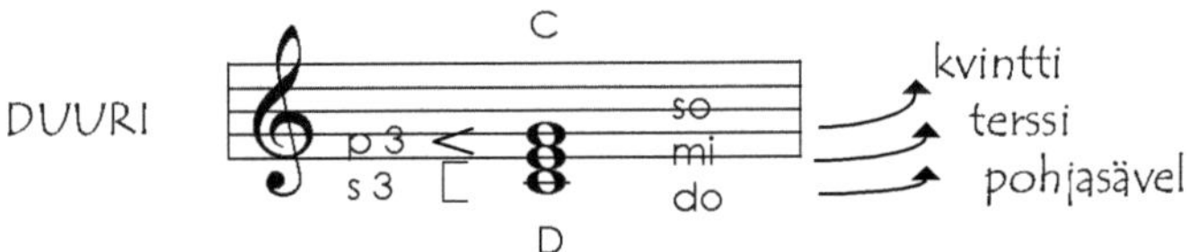

MOLLI

VÄHENNETTY

YLINOUSEVA

Asteet ja reaalisointumerkit duurissa

2b

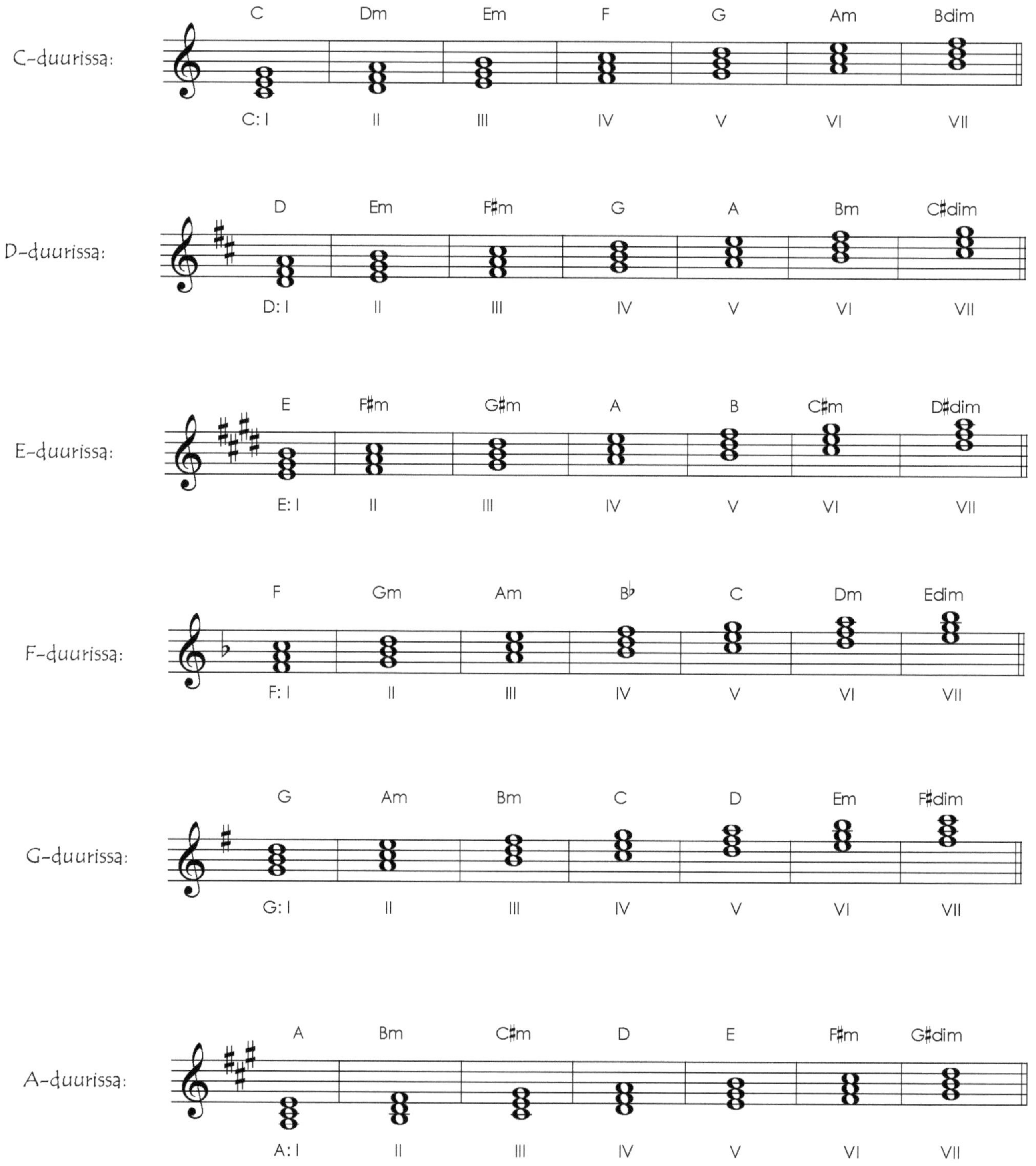

Asteet ja reaalisointumerkit mollissa
2b

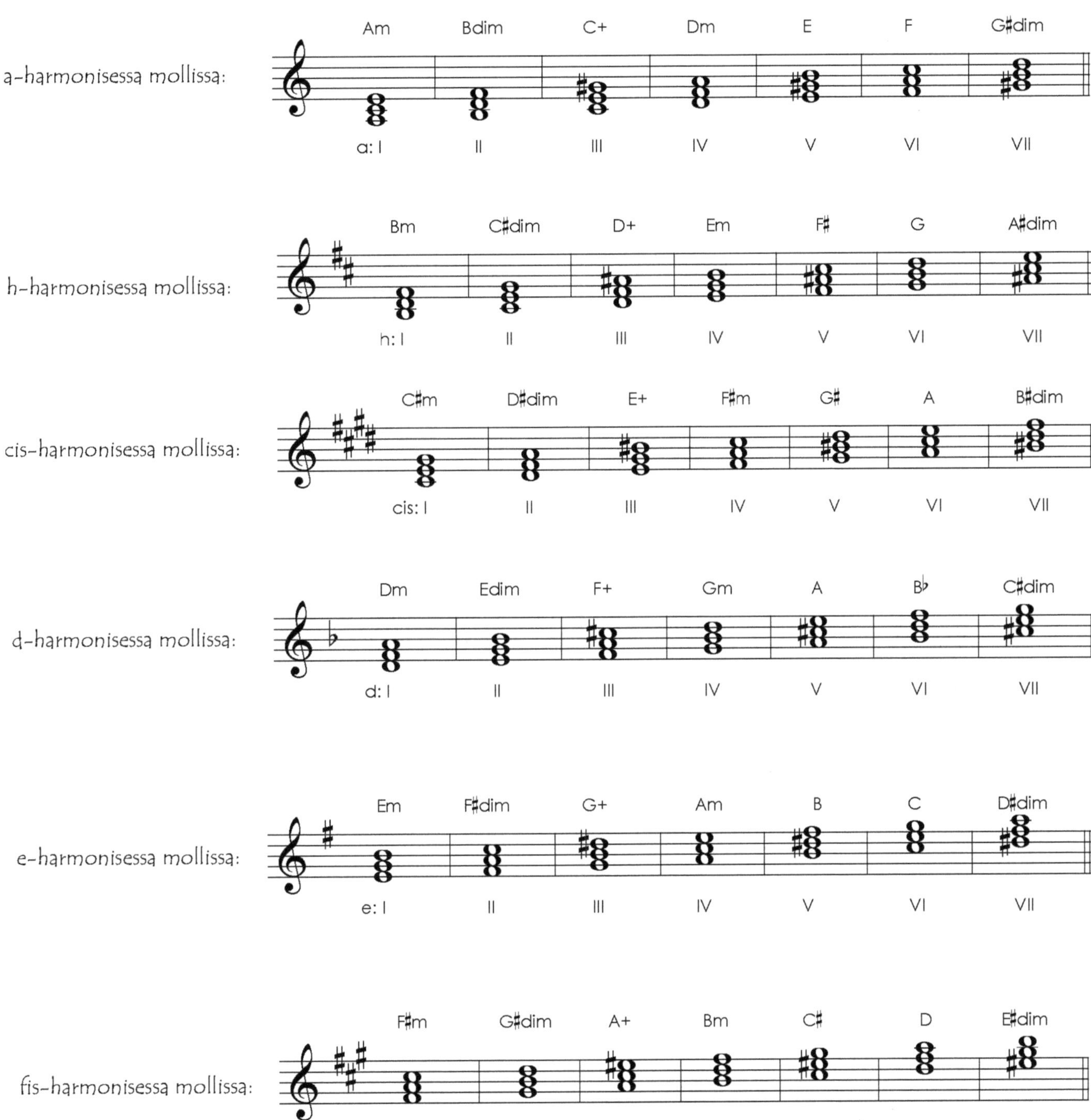

Säveltapailu 2b

Tehtäväsivu nro 1

Teoria 2b

Tehtäväsivu nro 1

G-avain

g1

Pieni oktaaviala | 1-viivainen oktaaviala | 2-viivainen oktaaviala

a   h   c1   d1   e1   f1   g1   a1   h1   c2   d2   e2   f2   g2   a2   h2

Nimeä nuotit

......-duuri
......-molli

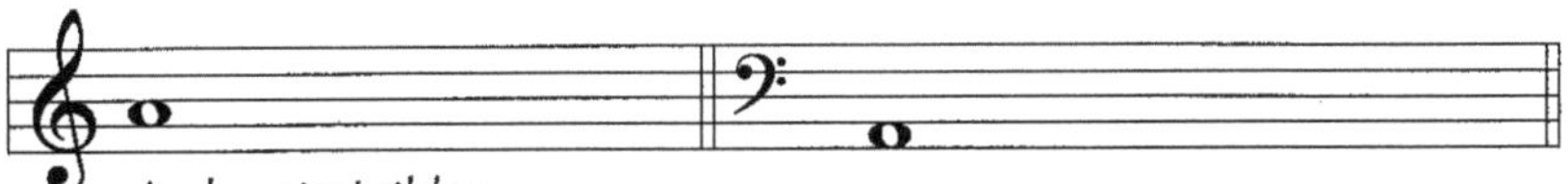

A-duuriasteikko

......-duuri
......-molli

Es-duuriasteikko

KOLMISOINNUT

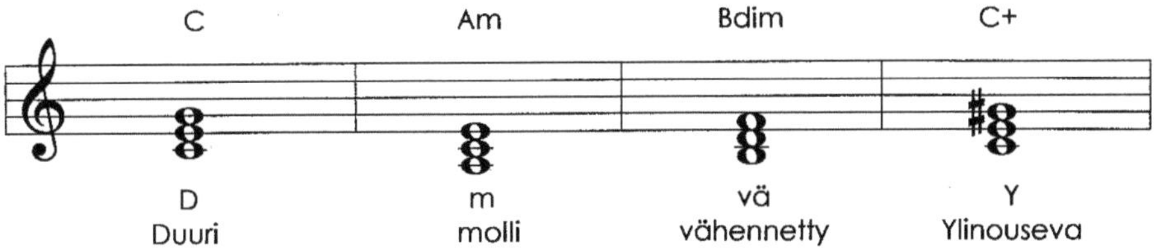

C   Am   Bdim   C+

D   m   vä   Y
Duuri   molli   vähennetty   Ylinouseva

Tunnista soinnut

Gm

m

Kirjoita soinnut

G#

D   D   vä   vä   Y

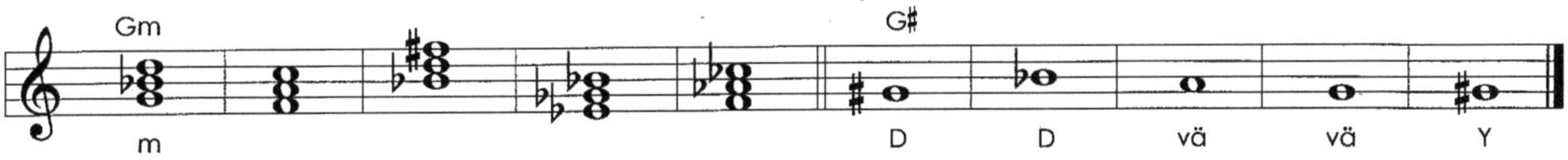

Musiikkisanat

fermaatti =
prestissimo =
andante =
moderato =
prima vista =

Säveltapailu 2b
Tehtäväsivu nro 2

Teoria 2b

Tehtäväsivu nro 2

Säveltapailu 2b

Tehtäväsivu nro 3

Teoria 2b

Tehtäväsivu nro 3

KOLMISOINTU ON POHJASÄVELESTÄ, SEN .... JA .... MUODOSTETTU SOINTU

Musiikkisanat

adagio =
crescendo =
diminuendo =
mezzopiano =
andantino =
ritardando =

Säveltapailu 2b

Tehtäväsivu nro 4

Teoria 2b
Tehtäväsivu nro 4
ASTEET JA PÄÄFUNKTIOT DUURISSA
T S D
D = Dominantti (huippusointu)
S = Subdominantti (leposointu)
T = Toonika (perussointu)
C: I   II   III   IV   V   VI   VII
Kirjoita soinnut
Tunnista soinnut
G: I   G: II   F: III   C: IV   F: V   G: D: C: D: B:
Kirjoita intervallit ylöspäin
Tunnista intervallit
s3   vä5   p2   8   y4
.....-duuri
.....-molli
...................sävellajit
Kirjoita asteikot
harmoninen cis-molliasteikko
melodinen cis-molliasteikko
.....-duuri
.....-molli
.................sävellajit
harmoninen f-molliasteikko
melodinen f-molliasteikko
II. MUUT INTERVALLIT JA KÄÄNNÖKSET
s2   p7   s3   p6   p2   s7   p3   s6
0,5   0,5   0,5
vä 2 < p 2 < s2 < y 2
Kirjoita intervallit alaspäin
Tunnista intervallit
s3   p6   s7   p2   vä2
Musiikkisanat
mezzoforte =
pianissimo =
a tempo =
johtosävel =
rinnakkaissävellajit =
synkooppi =
18

Säveltapailu 2b

Tehtäväsivu nro 5

Teoria 2b
Tehtäväsivu nro 5
ASTEET JA PÄÄFUNKTIOT MOLLISSA
T   S   D
a: I   II   III   IV   V   VI   VII
D = Dominantti (huippusointu)
S = Subdominantti (leposointu)
T = Toonika (perussointu)
Kirjoita soinnut
Tunnista soinnut
e: I   e: II   d: III   a: IV   d: V   e: h: a: h: g:
Kirjoita intervallit alaspäin
Tunnista intervallit
vä3   5   s2   vä8   4
Kirjoita nuotit
Tunnista nuotit
dis1   cis2   b   b   dis1
Kirjoita asteikot
harmoninen h-molliasteikko
melodinen d-molliasteikko
Es-duuriasteikko
E-duuriasteikko
Tunnista asteikot
-............asteikko
-............asteikko
-............asteikko
-............asteikko
Musiikkisanat
allegro =
maestoso =
molto =
portato =
staccato =
tempo =
20

Säveltapailu 2b
Tehtäväsivu nro 6

PÄÄFUNKTIOT

T = ... (perussointu)

S = ...(leposointu)

D = ...(huippusointu)

Teoria 2b

Tehtäväsivu nro 6

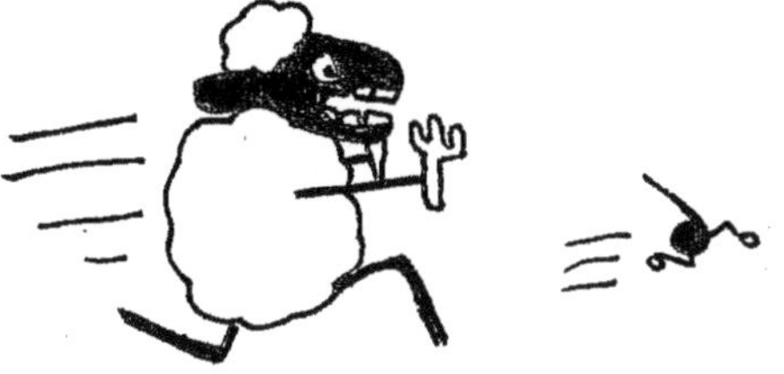

ASTEET JA PÄÄFUNKTIOT DUURISSA JA MOLLISSA

T S D T S D

C: I II III IV V VI VII a: I II III IV V VI VII

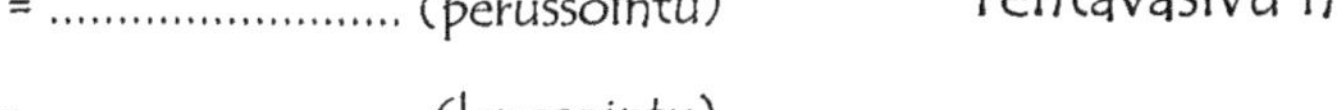

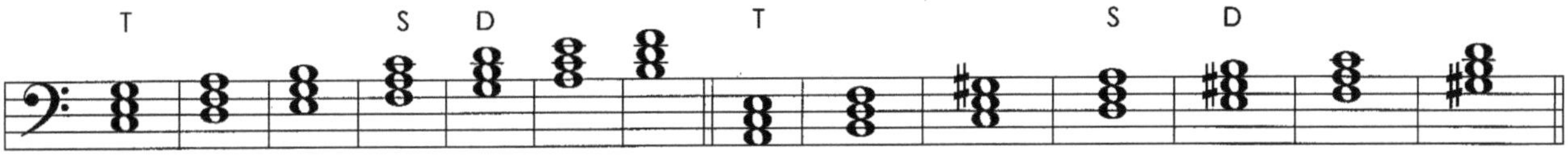

Kirjoita soinnut

Tunnista soinnut

A: I a: I F: III f: III e: V D: h: H: d: g:

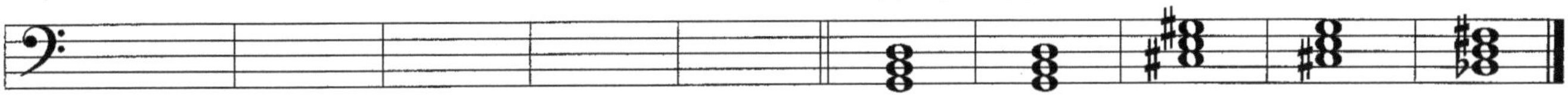

Kirjoita intervallit ylöspäin

Tunnista intervallit

vä6 y5 vä7 y8 vä1

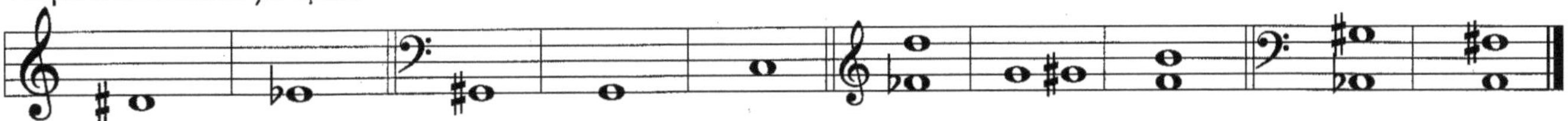

Kirjoita nuotit

Tunnista nuotit

dis Es his h1 b2

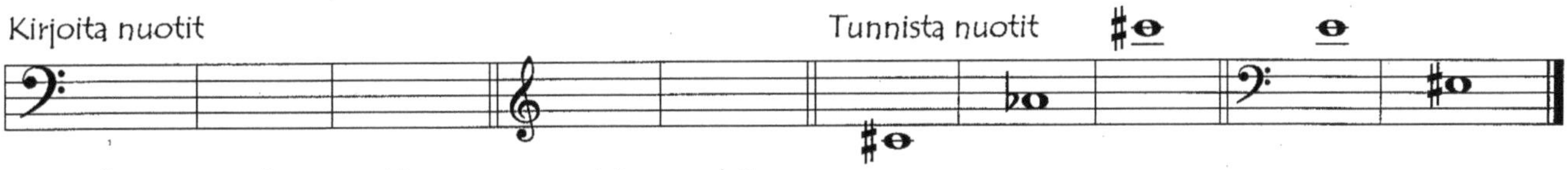

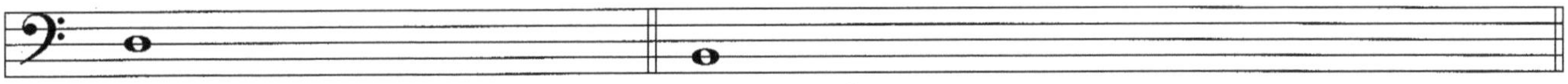

Kirjoita asteikot

harmoninen d-molliasteikko

melodinen h-molliasteikko

As-duuriasteikko

A-duuriasteikko

Tunnista asteikot

-molliasteikko

-molliasteikko

-duuriasteikko

-duuriasteikko

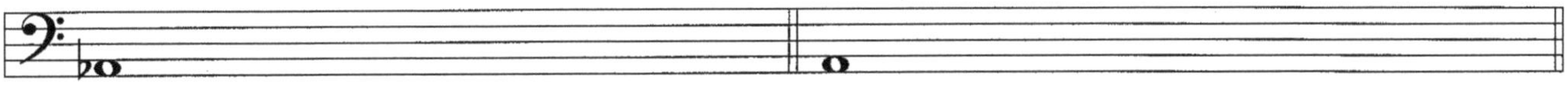

Musiikkisanat

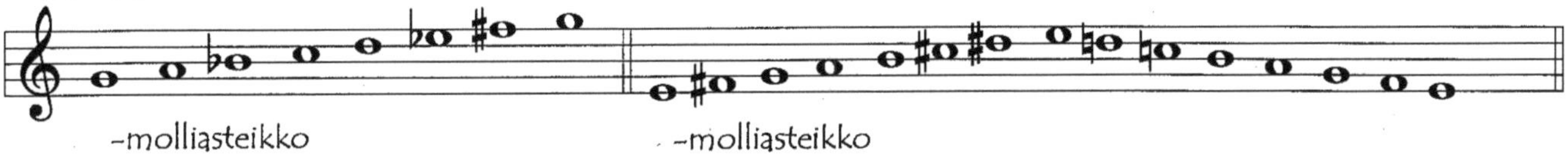

grave =
kromaattinen =
lento =
rallentando (rall.) =
amabile =
cantabile =

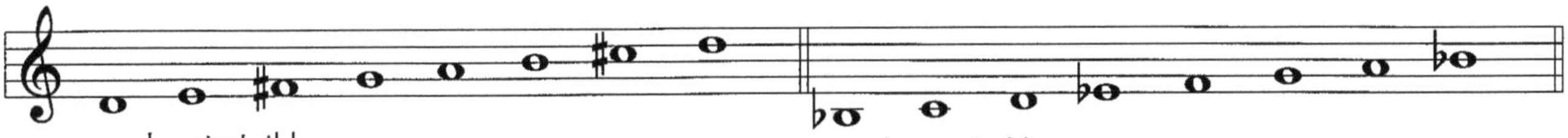

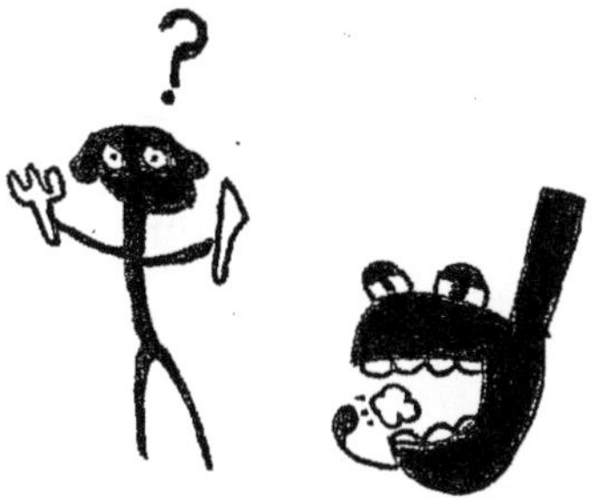

Musiikkisanat

Harjoitussivu 2b

1	a tempo	
2	accelerando	
3	adagio	
4	aksentti	
5	allegretto	
6	allegro	
7	amabile	
8	andante	
9	andantino	
10	assai	
11	cantabile	
12	crescendo	
13	da Capo al Fine	
14	diminuendo	
15	dolce	
16	dynamiikka	
17	F-avain	
18	fermaatti	
19	G-avain	
20	grave	
21	intervalli	
22	johtosävel	
23	kolmisointu	
24	kromaattinen	
25	largo	
26	legato	
27	lento	
28	maestoso	
29	moderato	
30	molto	
31	pianissimo	
32	portato	
33	prestissimo	
34	presto	
35	prima vista	
36	rallentando	
37	rinnakkaissävellajit	
38	ritardando	
39	ritenuto	
40	staccato	
41	stringendo	
42	synkooppi	
43	tempo	
44	vivace	

Notaatio
Harjoitussivu 2b

Asteikot
Harjoitussivu 2b

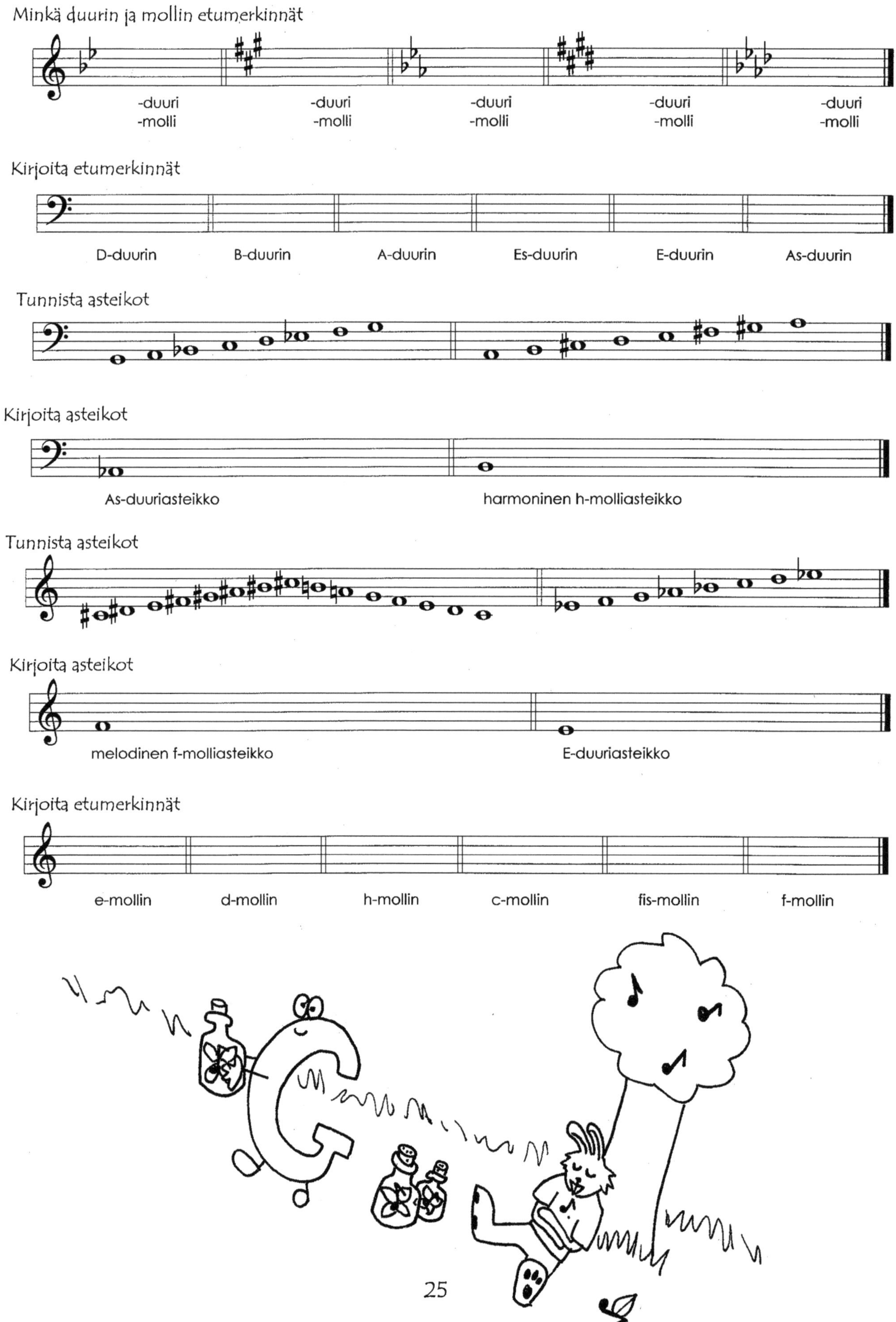

Harjoitussivu 2b

Soinnut

Harjoitussivu 2b

KOLMISOINTU ON POHJASÄVELESTÄ, SEN TERSSISTÄ JA KVINTISTÄ MUODOSTETTU SOINTU

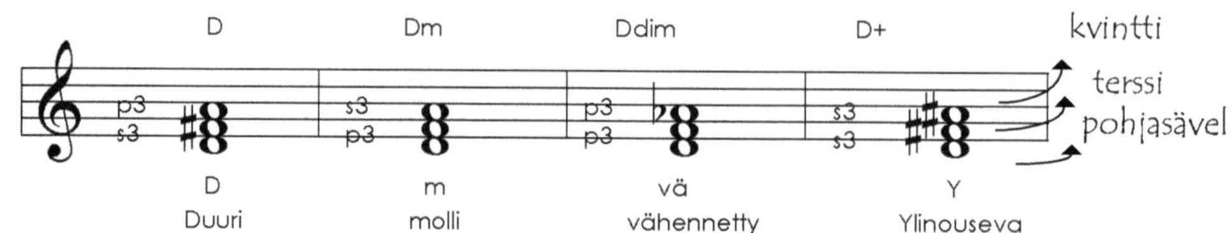

Nimeä soinnut

Nimeä soinnut

Kirjoita soinnut ylöspäin

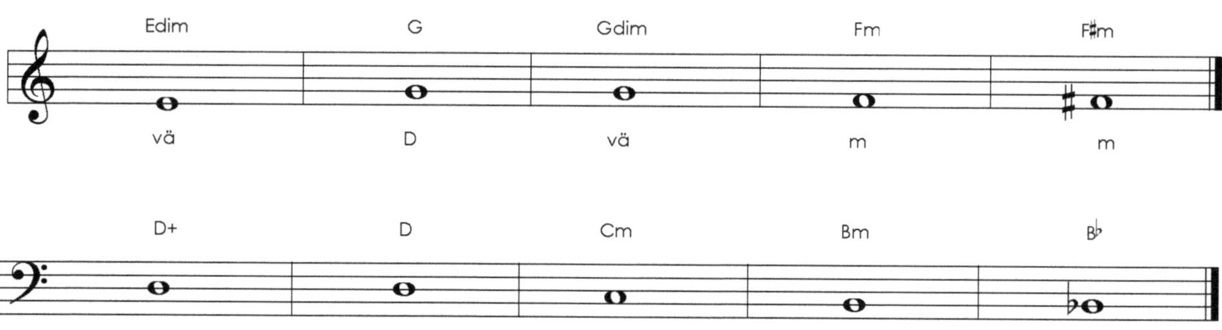

Tunnista asteet

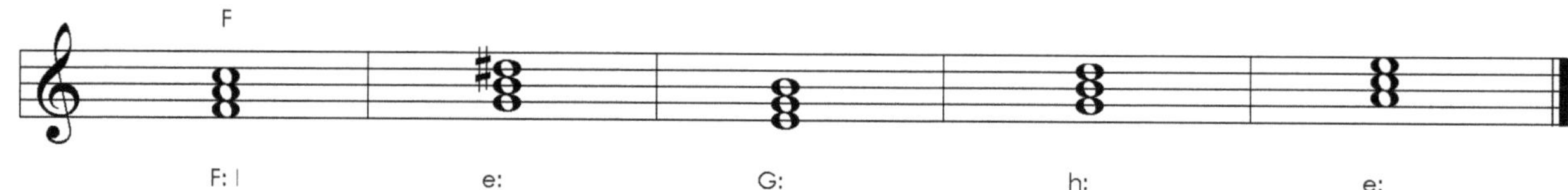

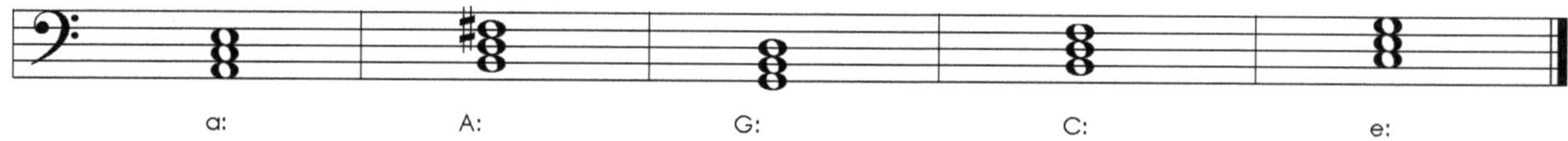

27

Muoto

Harjoitussivu 2b

1, JONOMAINEN: a b c d

2, PARILLINEN: a a b b

3, KEHYS: a b a

Muoto: ....

Muoto: ....

Muoto: ....

Muoto: ....

28

Harjoitus solfatentti
Tehtäväsivu 2b

RYTMITAPAILU

SOLFATAPAILU

MELODIASANELU

RYTMISANELU

INTERVALLIT

SOINNUT

Harjoitus teoriatentti
Tehtäväsivu 2b

1a, Kirjoita nuottien nimet ja oktaavialat

1b, Kirjoita nuotit

6. Selitä seuraavat musiikkisanat

moderato =

tempo =

fermaatti =

aksentti =

synkooppi =

Säveltapailu 2b
Vastaussivu nro 1

Rytmitapailu:

Rytmisanelu:

andante

Melodiatapailu:

moderato

Transponoi A-duurin:

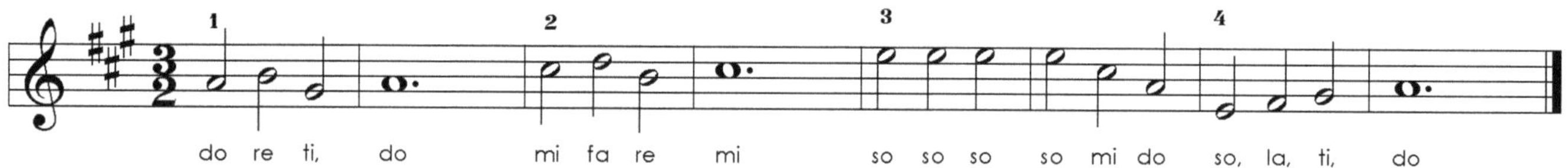

Transponoi Es-duurin:

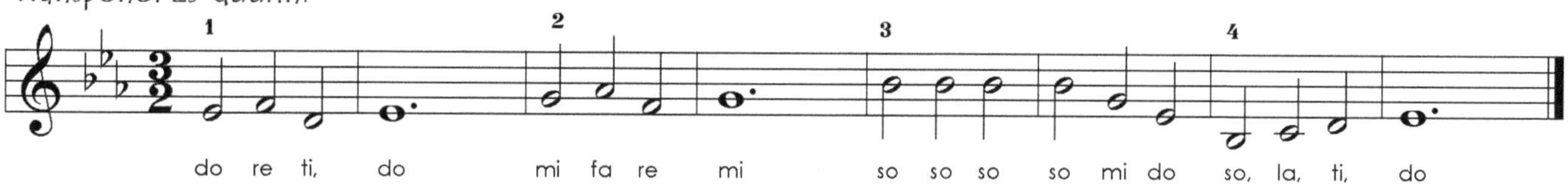

Melodiasanelu:

prestissimo

Tunnista soinnut:

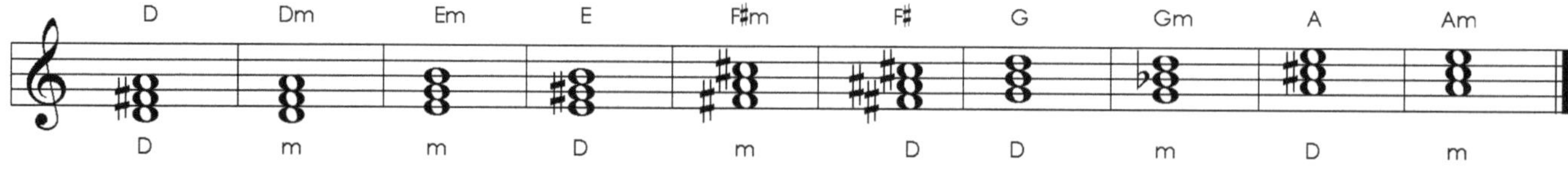

Teoria 2b

Vastaussivu nro 1

G-avain

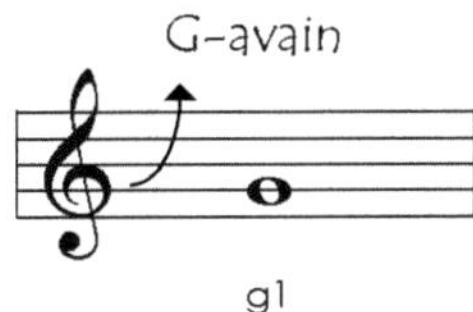

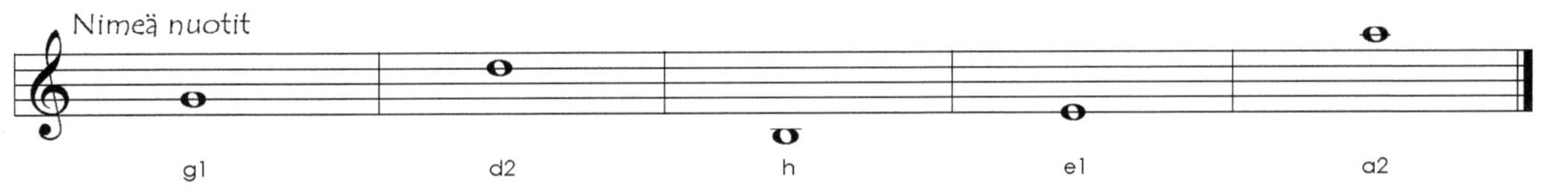

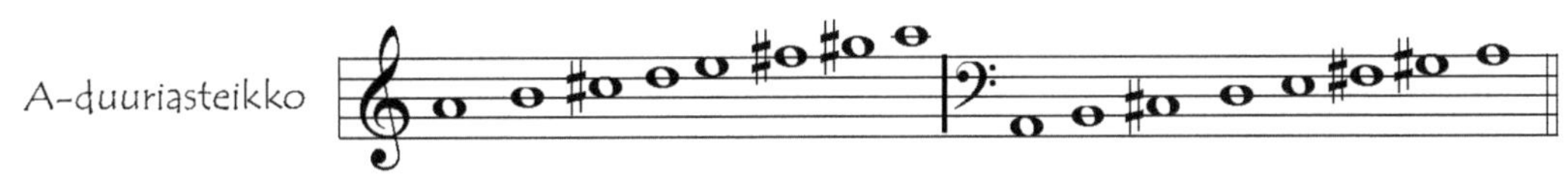

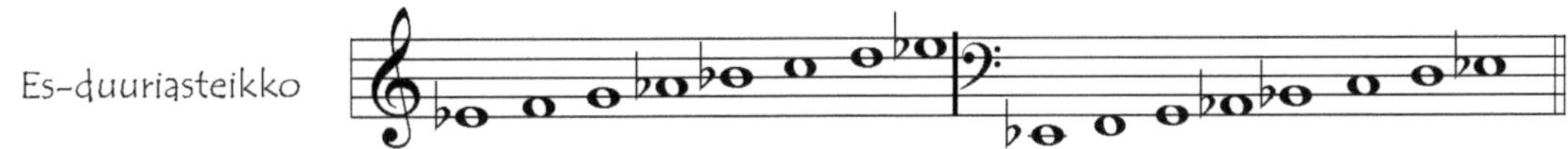

KOLMISOINNUT

Tunnista soinnut

Kirjoita soinnut

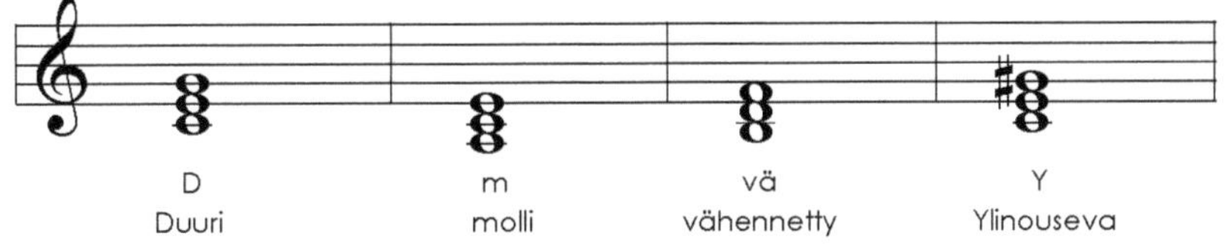

Musiikkisanat

fermaatti = pidäke
prestissimo = erittäin nopeasti
andante = käyden
moderato = kohtuullisesti
prima vista = ensi näkemältä

Säveltapailu 2b

Vastaussivu nro 2

Teoria 2b

Vastaussivu nro 2

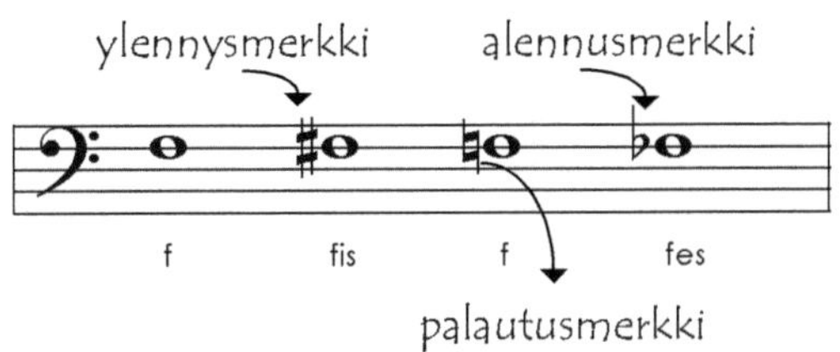

Suuri oktaaviala

Kirjoita nuotit

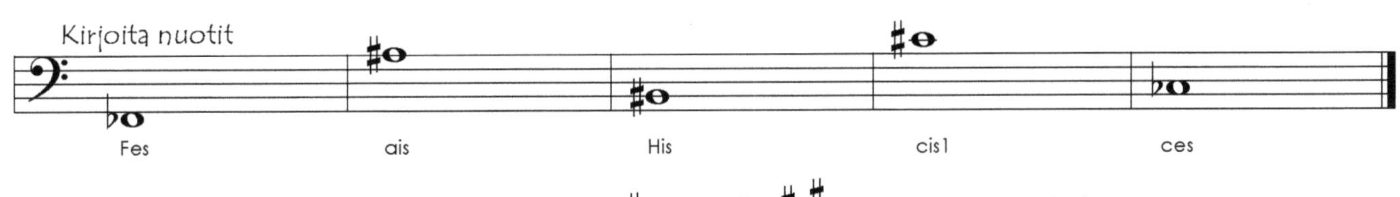

Kirjoita asteikot

harmoninen fis-molliasteikko   melodinen fis-molliasteikko

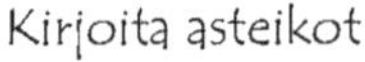

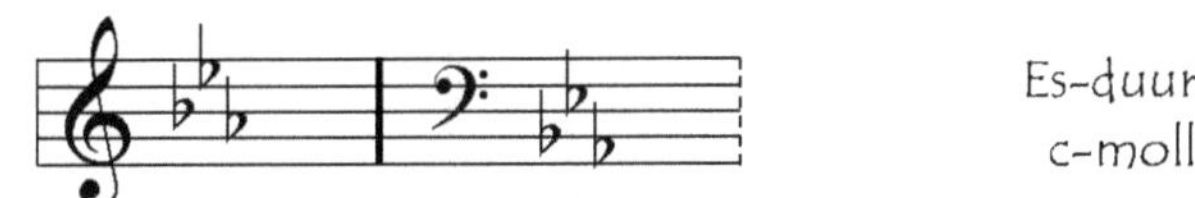

harmoninen c-molliasteikko   melodinen c-molliasteikko

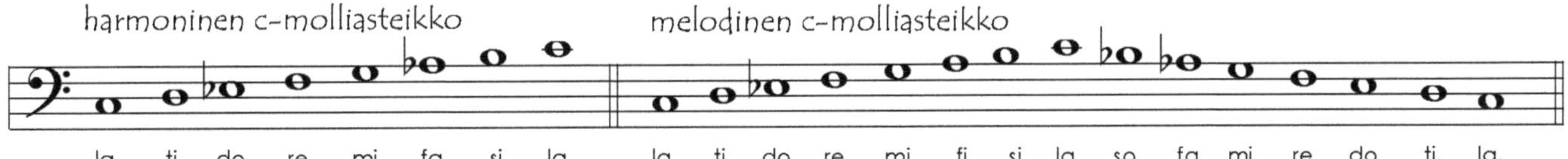

I. PUHTAAT INTERVALLIT JA KÄÄNNÖKSET

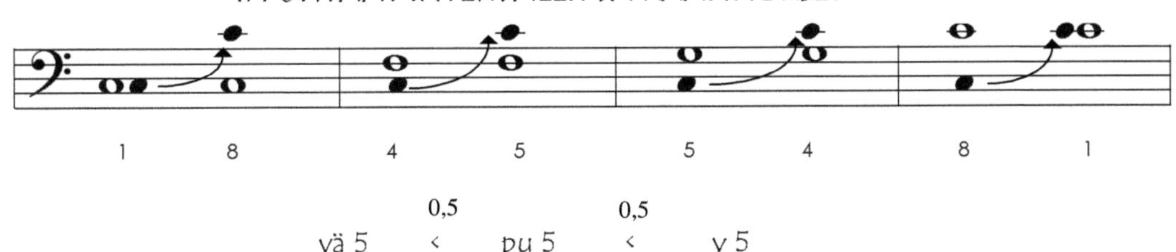

Tunnista intervallit   Kirjoita intervallit

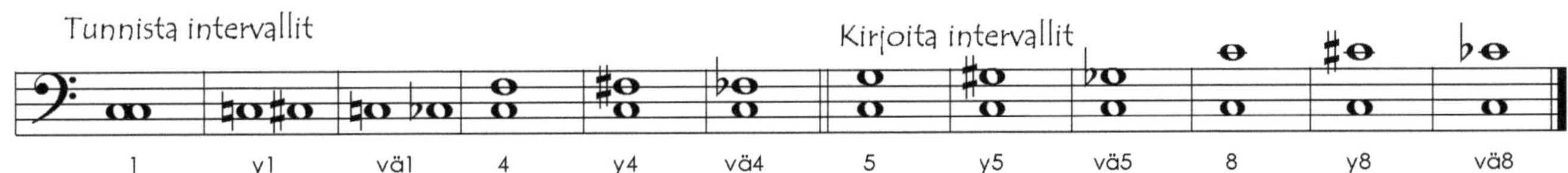

Musiikkisanat

piano = hiljaa
forte = voimakkaasti
kolmisointu = pohjasävel + terssi + kvintti
allegretto = nopeahkosti
aksentti = isku, korostus
legato = sitoen

Säveltapailu 2b

Vastaussivu nro 3

Rytmitapailu:

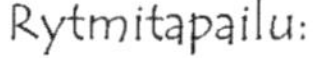
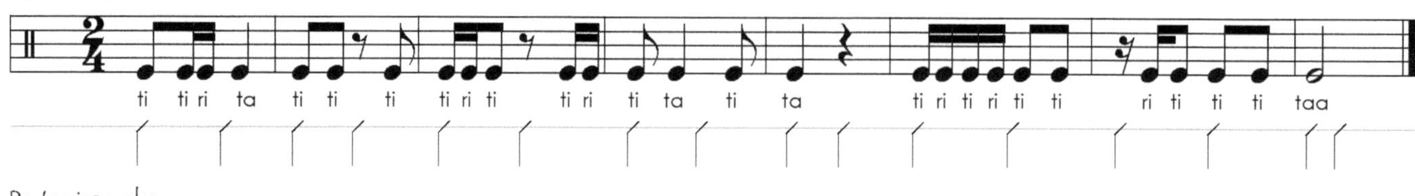

Rytmisanelu:

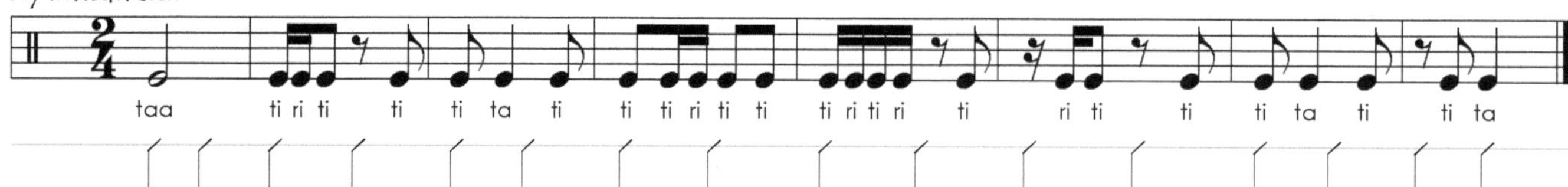

Melodiatapailu:

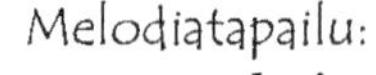

Transponoi E-duurin:

Transponoi As-duurin:

Melodiasanelu:

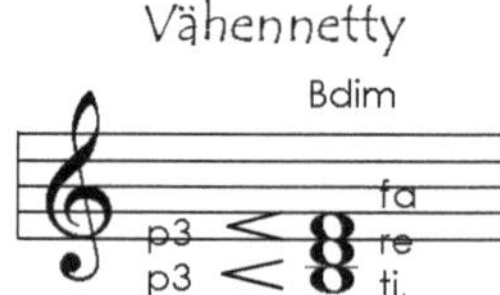

Tunnista soinnut:

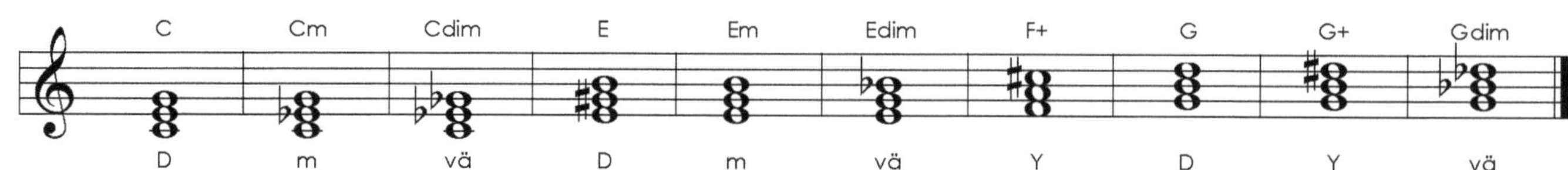

Teoria 2b

Vastaussivu nro 3

KOLMISOINTU ON POHJASÄVELESTÄ, SEN TERSSISTÄ JA KVINTISTÄ MUODOSTETTU SOINTU

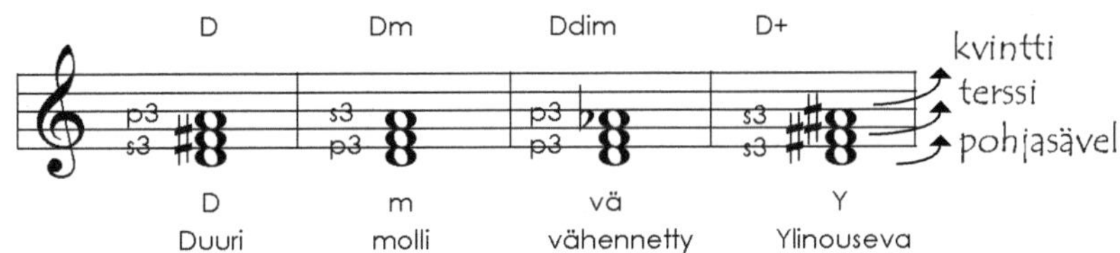

Kirjoita soinnut

Nimeä soinnut

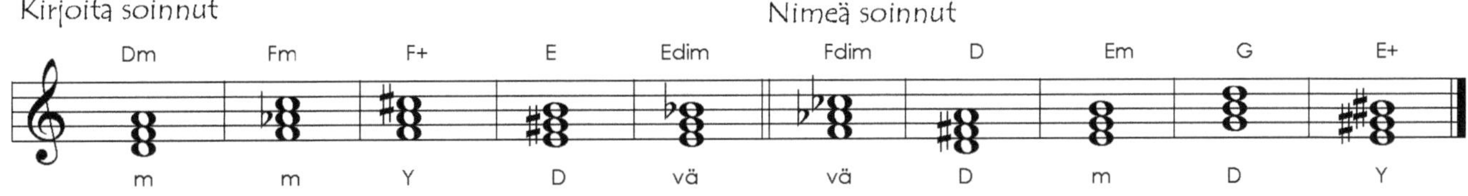

TRITONUS JA PURKAUS

TRITONUS = KOLME KOKOSÄVELASKELTA

Rakenna intervallit ylöspäin

Musiikkisanat

adagio = hitaasti
crescendo = voimistuen
diminuendo = hiljentyen
mezzopiano = puolihiljaa
andantino = keveästi käyden
ritardando = hidastaen

Säveltapailu 2b

Vastaussivu nro 4

Teoria 2b

Vastaussivu nro 4

ASTEET JA PÄÄFUNKTIOT DUURISSA

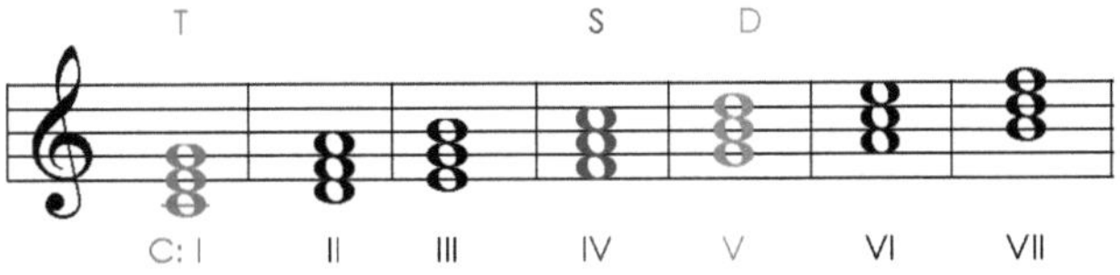

T S D

C: I II III IV V VI VII

D = Dominantti (huippusointu)
S = Subdominantti (leposointu)
T = Toonika (perussointu)

Kirjoita soinnut

G Am Am F C

Tunnista soinnut

Em G Bdim Em F

G: I G: II F: III C: IV F: V G: VI D: IV C: VII D: II B: V

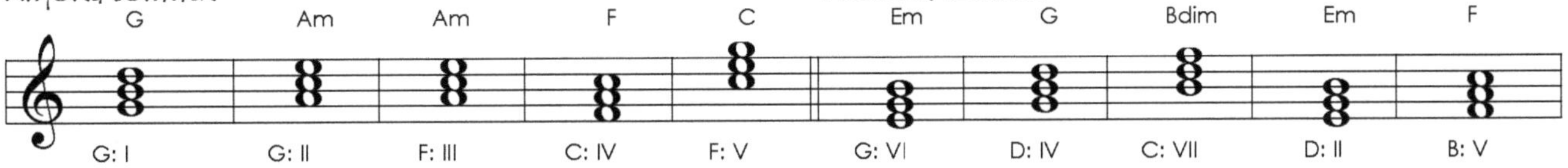

Kirjoita intervallit ylöspäin

Tunnista intervallit

s3 vä5 p2 8 y4 p6 y2 s7 vä4 p3

E-duuri
cis-molli > rinnakkaissävellajit

Kirjoita asteikot

harmoninen cis-molliasteikko

la, ti, do re mi fa si la

melodinen cis-molliasteikko

la, ti, do re mi fi si la so fa mi re do ti, la,

johtosävel

As-duuri
f-molli > rinnakkaissävellajit

harmoninen f-molliasteikko

la, ti, do re mi fa si la

melodinen f-molliasteikko

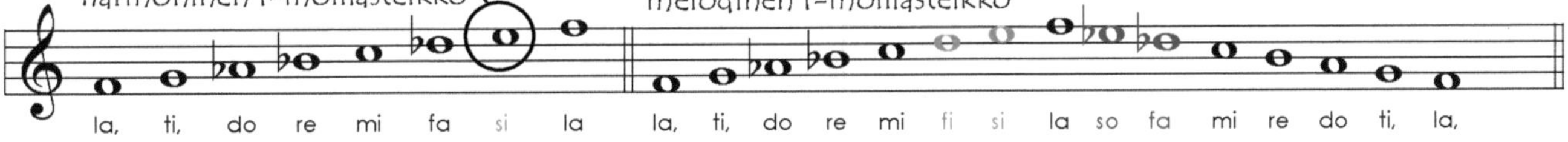

la, ti, do re mi fi si la so fa mi re do ti, la,

II. MUUT INTERVALLIT JA KÄÄNNÖKSET

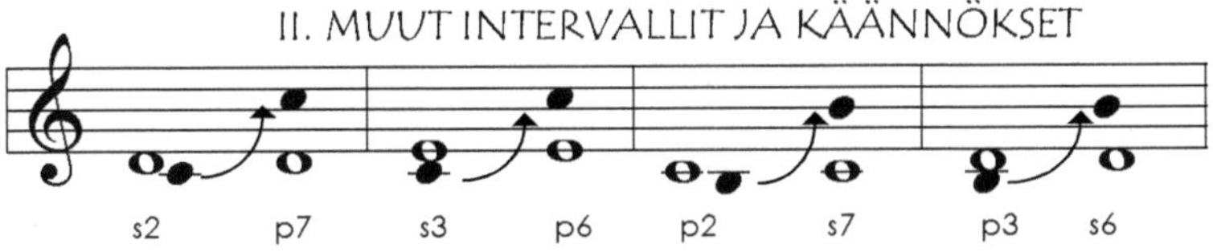

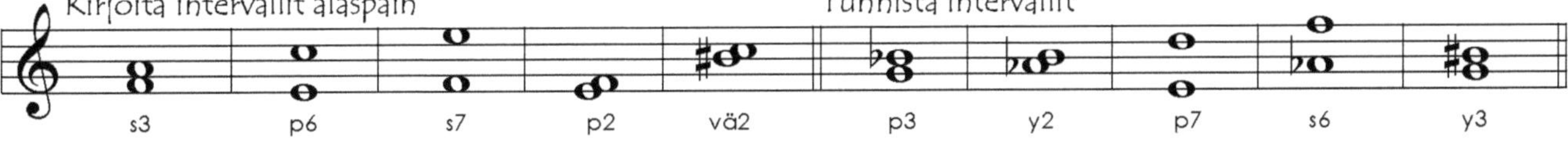

0,5 0,5 0,5

vä2 < p2 < s2 < y2

Kirjoita intervallit alaspäin

Tunnista intervallit

s3 p6 s7 p2 vä2 p3 y2 p7 s6 y3

Musiikkisanat

mezzoforte = puolikovaa
pianissimo = hyvin hiljaa
a tempo = paluu alkuperäiseen tempoon
johtosävel = asteikon 7. sävel
rinnakkaissävellajit = duuri ja molli, joilla on sama etumerkintä
synkooppi = keskipitkä

Säveltapailu 2b

Vastaussivu nro 5

Rytmitapailu:

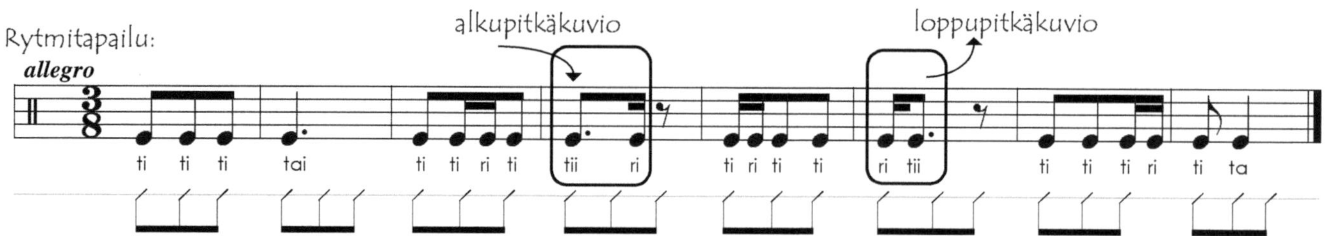

Rytmisanelu:

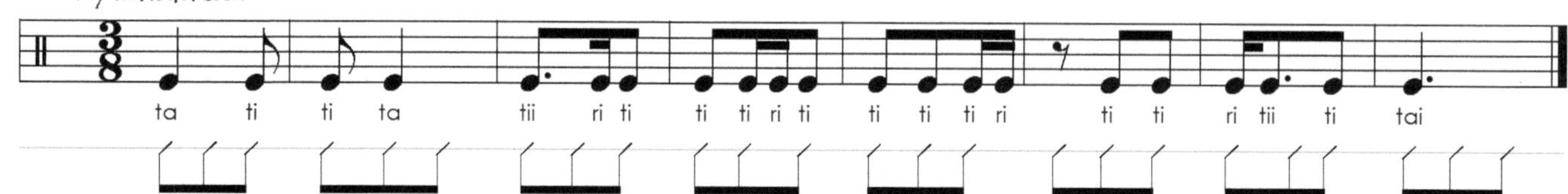

Melodiatapailu:

Melodiasanelu:

Tunnista intervallit:

Tunnista soinnut:

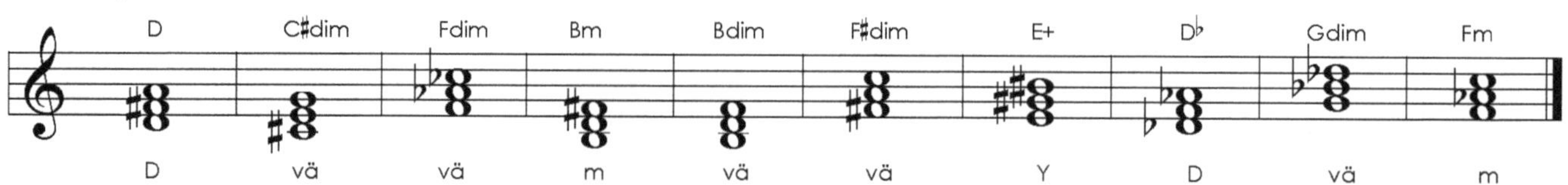

Teoria 2b

Vastaussivu nro 5

ASTEET JA PÄÄFUNKTIOT MOLLISSA

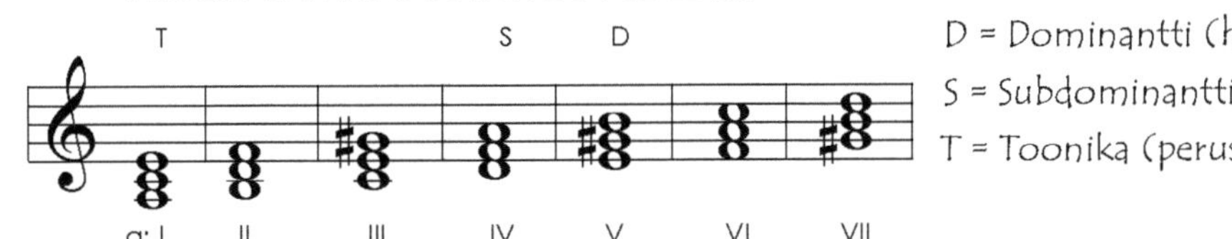

Kirjoita soinnut

Tunnista soinnut

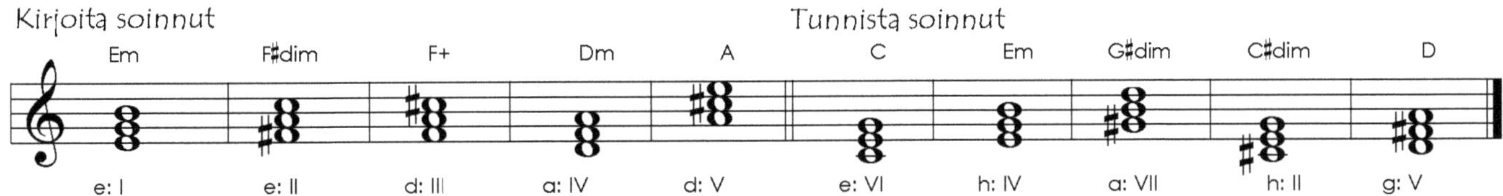

Kirjoita intervallit alaspäin

Tunnista intervallit

Kirjoita nuotit

Tunnista nuotit

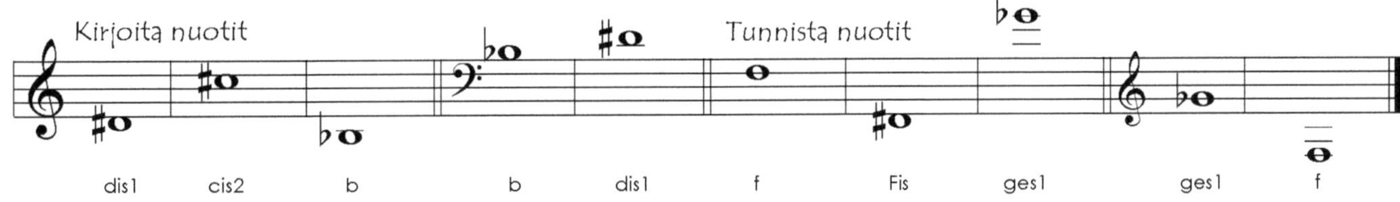

Kirjoita asteikot

harmoninen h-molliasteikko   melodinen d-molliasteikko

Es-duuriasteikko   E-duuriasteikko

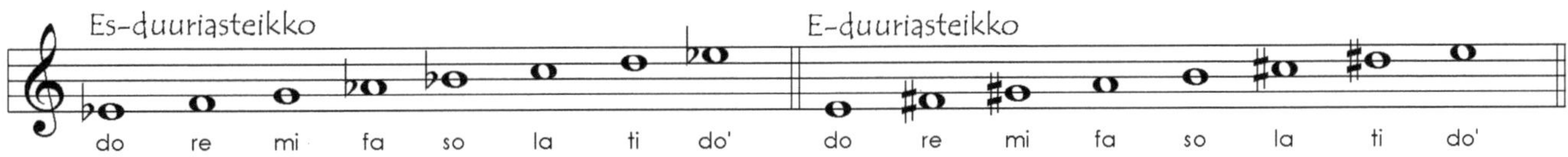

Tunnista asteikot

harmoninen e-molliasteikko   melodinen g-molliasteikko

F-duuriasteikko   G-duuriasteikko

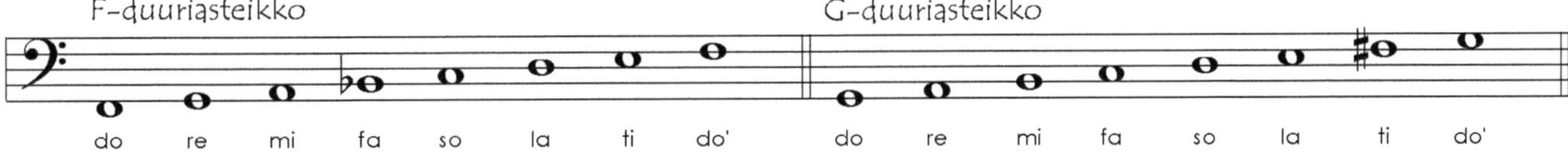

Musiikkisanat

allegro = nopeasti
maestoso = juhlallisesti
molto = paljon, sangen, hyvin, erittäin
portato = artikulaatiotapa legaton ja staccaton välillä
staccato = lyhyesti
tempo = esitysnopeus

"""

Säveltapailu 2b
Vastaussivu nro 6

Teoria 2b

PÄÄFUNKTIOT

T = Toonika (perussointu)
S = Subdominantti (leposointu)
D = Dominantti (huippusointu)

Musiikkisanat

grave = raskaasti
kromaattinen = puolisävelaskelissa nouseva / laskeva asteikko
lento = hitaasti
rallentando (rall.) = hidastaen
amabile = viehättävästi
cantabile = laulavasti

Musiikkisanat

Vastaussivu 2b

#		
1	a tempo	paluu alkuperäiseen tempoon
2	accelerando	kiihdyttäen
3	adagio	hitaasti
4	aksentti	isku, korostus
5	allegretto	nopeahkosti
6	allegro	nopeasti
7	amabile	viehättävästi
8	andante	käyden
9	andantino	keveästi käyden
10	assai	paljon, sangen, hyvin, erittäin
11	cantabile	laulavasti
12	crescendo	voimistuen
13	da Capo al Fine	alusta Fineen saakka
14	diminuendo	hiljentyen
15	dolce	suloisesti
16	dynamiikka	äänen voimakkuuden vaihtelu
17	F-avain	viittaa pieni f:een
18	fermaatti	pidäke
19	G-avain	viittaa g1:een
20	grave	raskaasti
21	intervalli	kahden sävelen välimatka
22	johtosävel	asteikon 7.sävel
23	kolmisointu	pohjasävel + terssi + kvintti
24	kromaattinen	puolisävelaskelissa nouseva/laskeva asteikko
25	largo	hitaasti
26	legato	sitoen
27	lento	hitaasti
28	maestoso	juhlallisesti
29	moderato	kohtuullisesti
30	molto	paljon, sangen, hyvin, erittäin
31	pianissimo	hyvin hiljaa
32	portato	artikulaatiotapa legaton ja staccaton välillä
33	prestissimo	erittäin nopeasti
34	presto	hyvin nopeasti
35	prima vista	ensi näkemältä
36	rallentando	hidastaen
37	rinnakkaissävellajit	duuri ja molli, joilla on sama etumerkintä
38	ritardando	hidastaen
39	ritenuto	viivytellen
40	staccato	lyhyesti
41	stringendo	kiihdyttäen
42	synkooppi	keskipitkä
43	tempo	esitysnopeus
44	vivace	eloisasti

Notaatio
Vastaussivu 2b

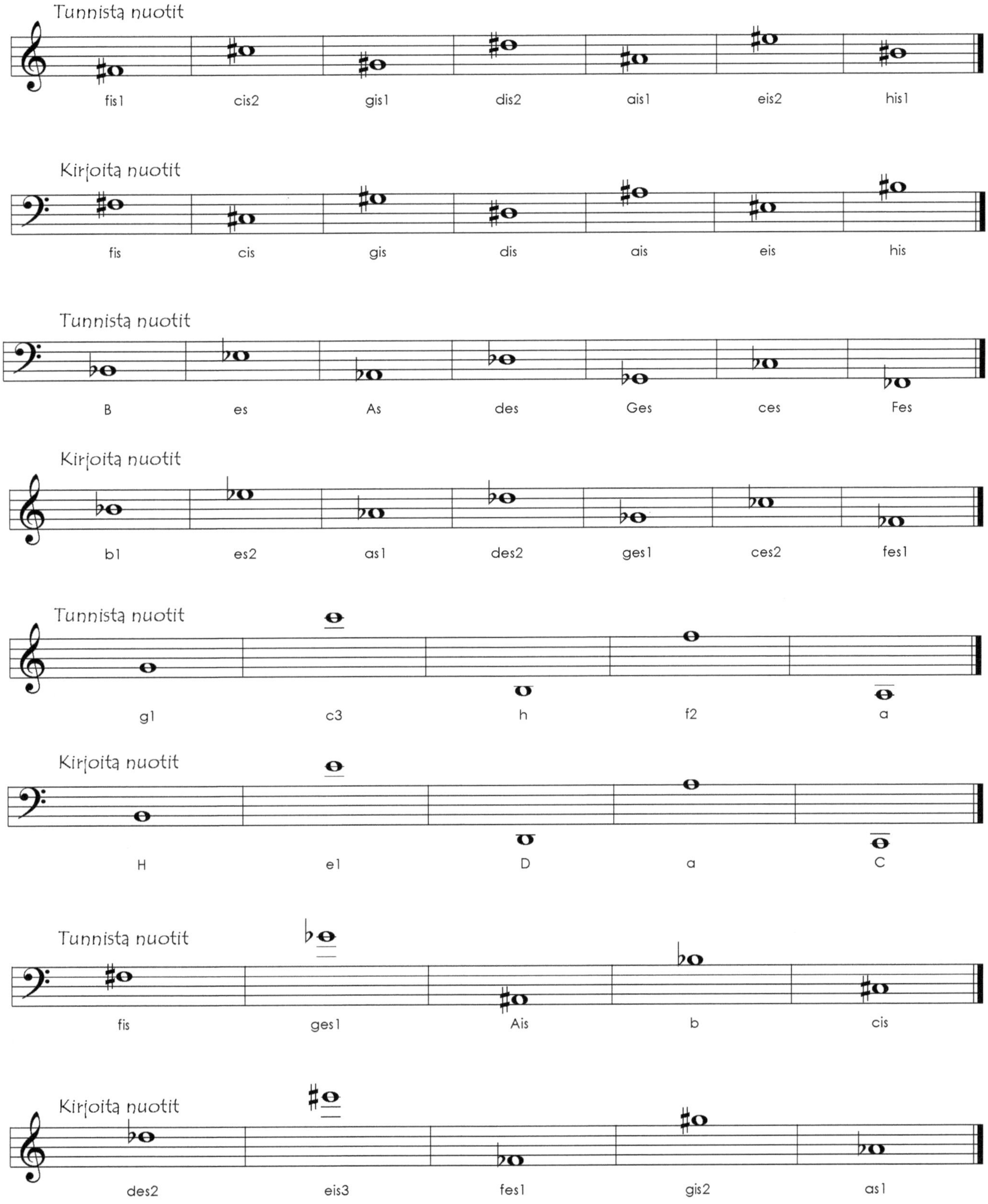

Asteikot

Vastaussivu 2b

Minkä duurin ja mollin etumerkinnät

Kirjoita etumerkinnät

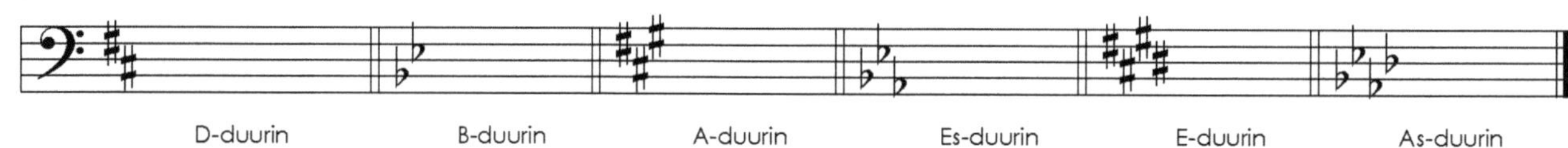

Tunnista asteikot

Kirjoita asteikot

Tunnista asteikot

Kirjoita asteikot

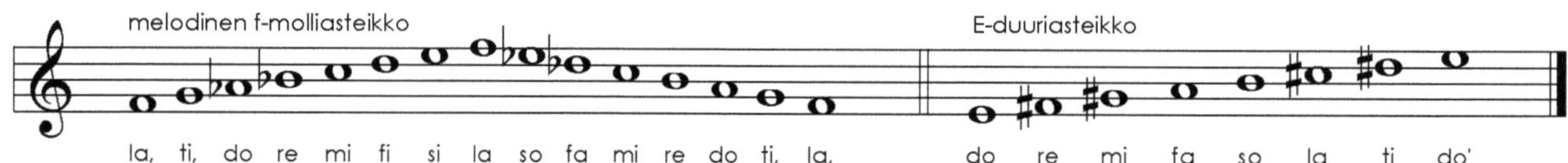

Kirjoita etumerkinnät

Intervallit

Vastaussivu 2b

KÄÄNNÖKSET:

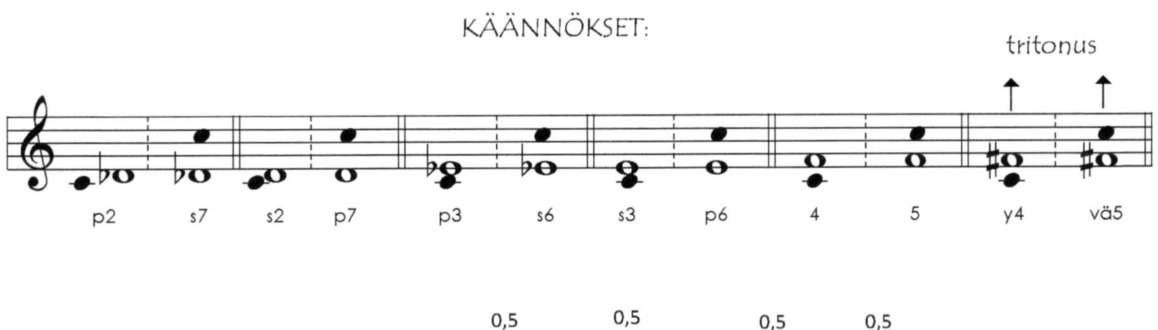

1. ryhmä: 1, 4, 5, 8   vävä < vä < pu < y < yy
                                 0,5   0,5   0,5   0,5

2. ryhmä: 2, 3, 6, 7   vävä < vä < p < s < y < yy
                                 0,5   0,5   0,5   0,5   0,5

TUNNISTA

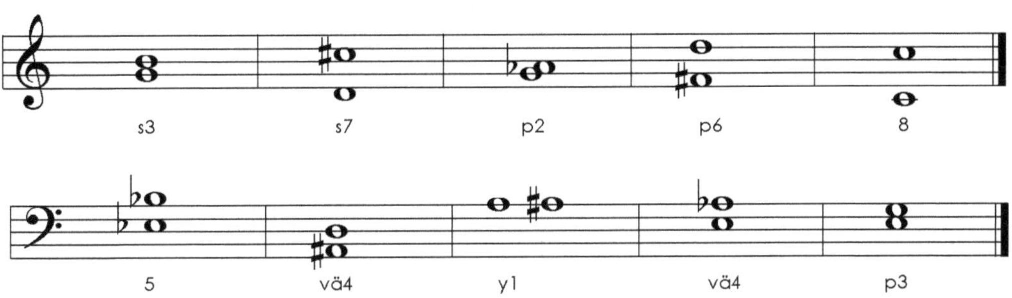

KIRJOITA YLÖSPÄIN

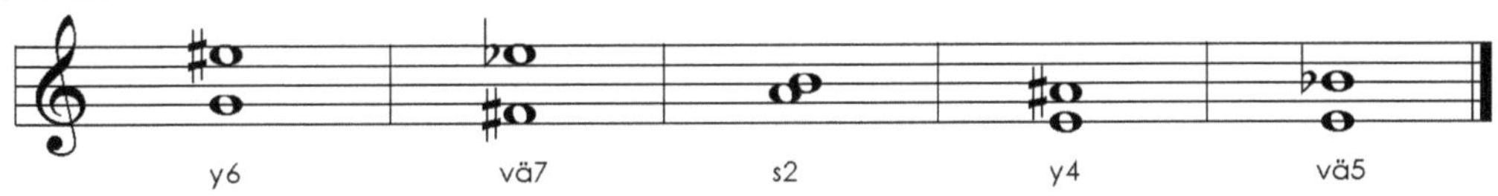

KIRJOITA ALASPÄIN

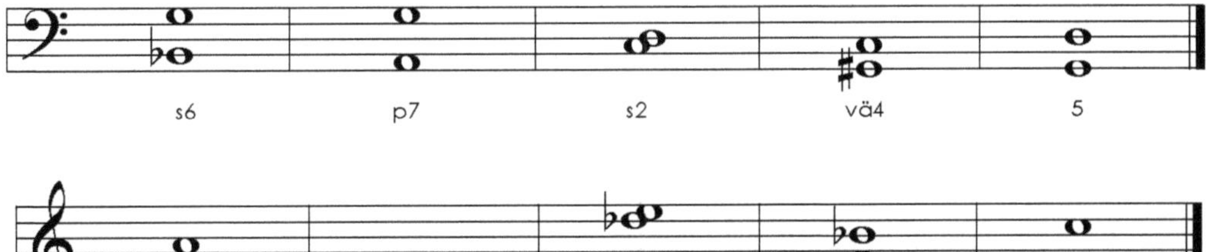

Soinnut

Vastaussivu 2b

KOLMISOINTU ON POHJASÄVELESTÄ, SEN TERSSISTÄ JA KVINTISTÄ MUODOSTETTU SOINTU

Nimeä soinnut

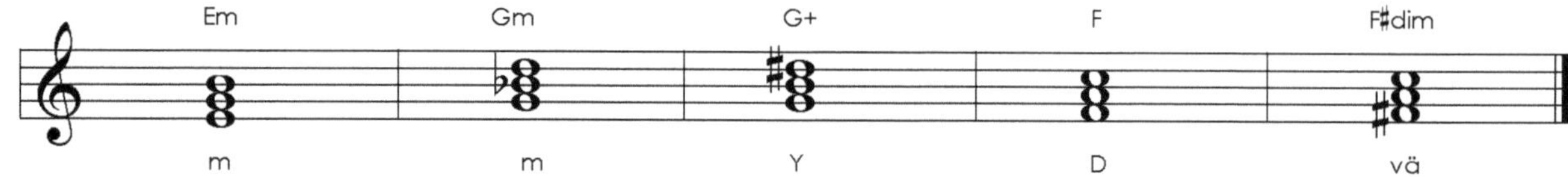

Nimeä soinnut

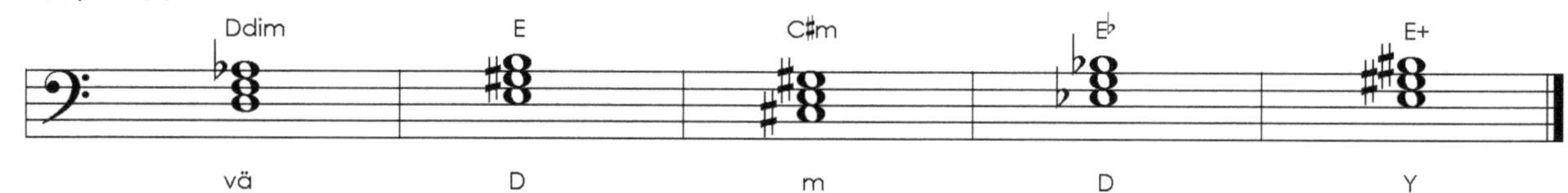

Kirjoita soinnut ylöspäin

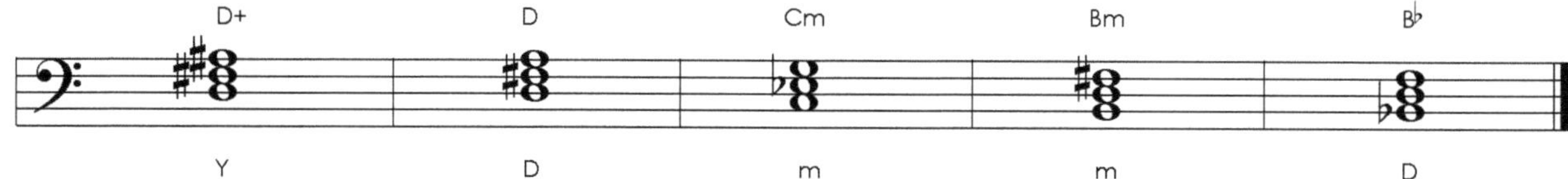

Tunnista asteet

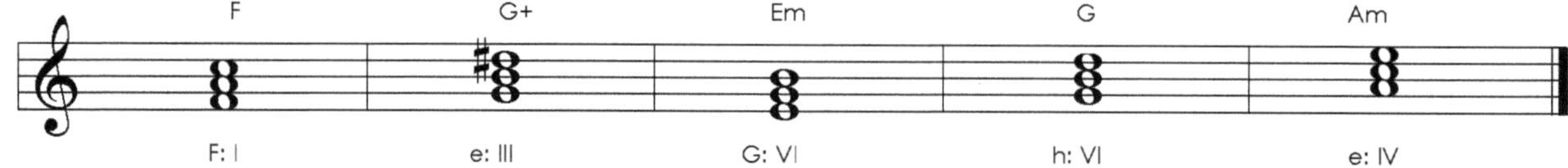

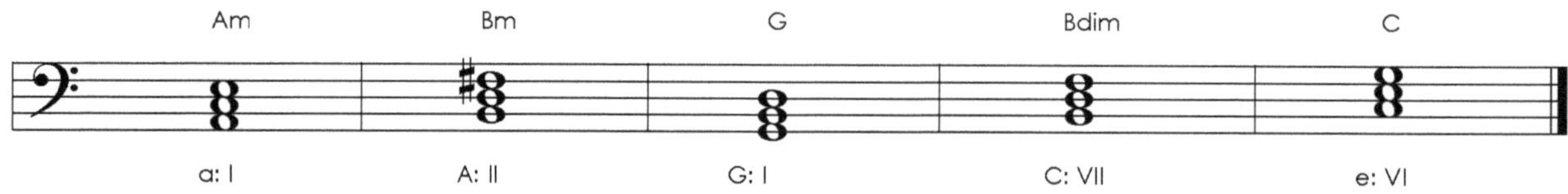

Muoto

Vastaussivu 2b

Harjoitus solfatentti
Vastaussivu 2b

RYTMITAPAILU

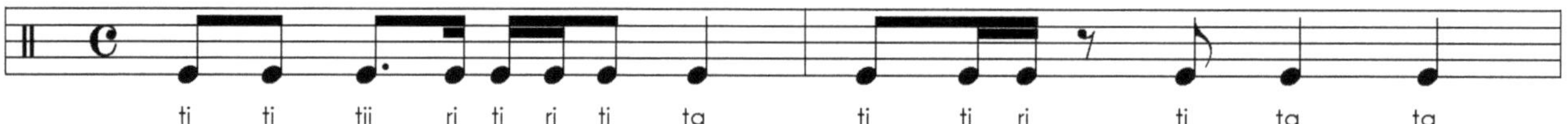

SOLFATAPAILU

MELODIASANELU

RYTMISANELU

INTERVALLIT

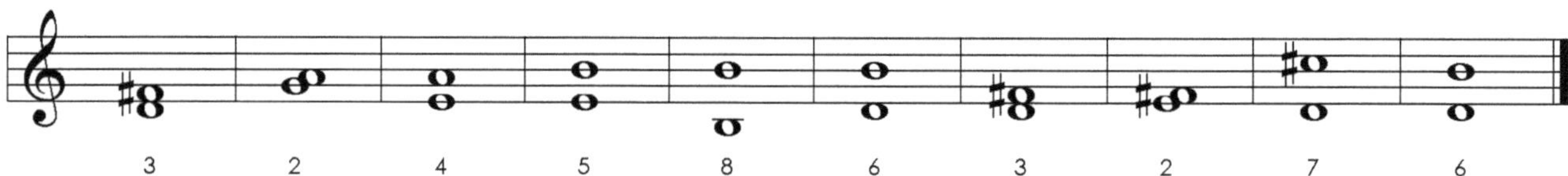

SOINNUT

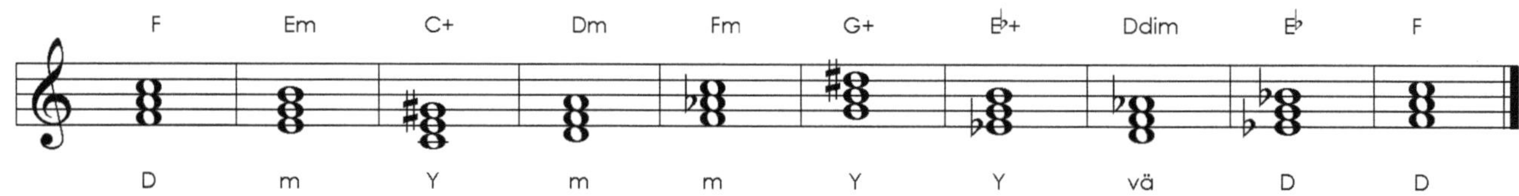

Harjoitus teoriatentti

Vastaussivu 2b

1a, Kirjoita nuottien nimet ja oktaavialat

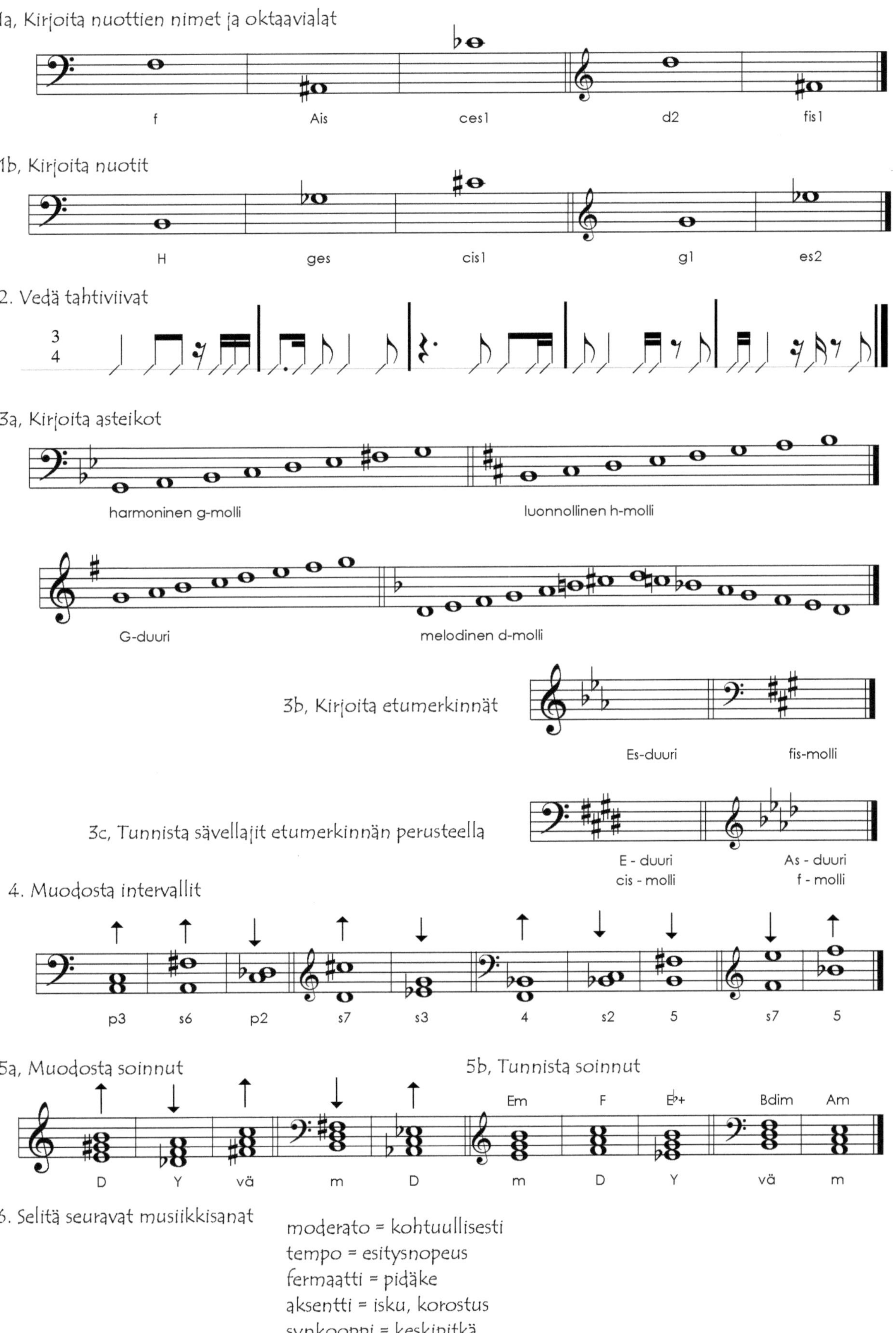

1b, Kirjoita nuotit

2. Vedä tahtiviivat

3a, Kirjoita asteikot

3b, Kirjoita etumerkinnät

3c, Tunnista sävellajit etumerkinnän perusteella

4. Muodosta intervallit

5a, Muodosta soinnut

5b, Tunnista soinnut

6. Selitä seuraavat musiikkisanat

moderato = kohtuullisesti
tempo = esitysnopeus
fermaatti = pidäke
aksentti = isku, korostus
synkooppi = keskipitkä

50